Luzia von Sturm · Klara Morgenstern

Göttinnen des Lichts

Inspirierende Orakelkarten für die persönliche Entwicklung

Begleitbuch zu den 45 Karten

Schirner Verlag

ISBN 978-3-8434-9224-9

Luzia von Sturm & Klara Morgenstern
Göttinnen des Lichts
Inspirierende Orakelkarten für die persönliche Entwicklung

1. Auflage April 2024

Layout von Box, Karten & Begleitbuch: Anna Twele, Schirner, unter Verwendung von Illustrationen von Luzia von Sturm & Klara Morgenstern sowie #676659280 (©Digimanselector) und #2329584501 (©LUMIKK555), www.shutterstock.com
Illustrationen: ©Luzia von Sturm & ©Klara Morgenstern, www.luziavonsturm.de
Lektorat: Ina Keller, Schirner
Printed & bound by: Ren Medien GmbH, Germany

www.schirner.com

*Diese Karten sind in Liebe
und Dankbarkeit unseren
Müttern und unserer weiblichen
Ahnenreihe gewidmet.*

Inhalt

Der Weg des Lichts

Willkommen im Reich der lichtvollen Göttinnen. In diesem Kartenset begegnest du 45 wunderschönen Lichtbringerinnen aus unterschiedlichen Kulturkreisen und Religionen. Es handelt sich um Gottheiten, die den Menschen das Licht schenken und verschiedene Aspekte des Lebens berühren. Sie umfassen die Themen »Beziehung«, »Karriere«, »Gesundheit« und »Spiritualität«.

Die Karten laden dich ein, mit einer oder mehreren Göttinnen in Kontakt zu treten, wenn du einen Rat brauchst und deine inneren Kräfte stärken möchtest. Die mythischen Lichtbringerinnen begleiten dich auf deiner Reise und weisen dir den Weg beim Entdecken und Entfalten deiner eigenen Strahlkraft.

Das Begleitbuch gibt dir einen Einblick in die Weisheitsschätze der einzelnen Göttinnen. Wenn du dich auf sie einlässt, wirst du Aspekte deiner Persönlichkeit wiederfinden, denn die Gottheiten stehen für die universellen Facetten des menschlichen Daseins. Sie vermitteln archetypische Kräfte, die tief in der menschlichen Psyche verwurzelt sind, zum Beispiel Stärke, Transformation und Selbstverwirklichung.

Die Essenz der Energie jeder Göttin ist in einem kraftvollen Satz gebündelt, den du als **Affirmation** verwenden kannst. Im Abschnitt **Hintergrundwissen** erfährst du, zu welchem Kulturkreis die Göttin gehört, und erhältst einen kurzen Einblick in ihre mythologische Geschichte. Die **Botschaft der Karte** vermittelt dir in lichtvollen Worten inspirierende Weisheiten, in denen du deine persönliche Lebenssituation wiedererkennen wirst. Die Anregungen zur praktischen **Umsetzung** sollen dir dabei helfen, neue Erfahrungen zu machen und deine Perspektive zu ändern. Nur, was wir erleben, führt zu echtem Wachstum, innerlich wie äußerlich.

Die Idee, ein eigenes Kartenset zu gestalten, kam uns an Neujahr 2023. Wir sind schon viele Jahre Freundinnen und treffen uns immer zum Jahreswechsel, um Karten für das kommende Jahr zu legen. Während unseres Gesprächs entwickelte sich der Gedanke an ein eigenes Kartenset, und wir waren sofort begeistert davon. Wir sind beide künstlerisch tätig, außerdem verbinden uns die Themen »Spiritualität« und »Weiblichkeit«. Ich, Klara Morgenstern, habe zahlreiche Tonskulpturen und Gemälde geschaffen, die sich mit Weiblichkeit beschäftigen. Ich, Luzia von Sturm, arbeite in den Bereichen Video, Fotografie und digitale Bildgestaltung und bin in Meditation und Achtsamkeit geschult.

Die Göttinnen verkörpern für uns auch eine Verbindung zur Natur, zur Schöpfung und zu den zyklischen Prozessen des Lebens. In einer Welt, in der Gewalt und Umweltzerstörung allgegenwärtig sind, ist es uns ein Herzensanliegen, die spirituelle weibliche Dimension wieder zu einem Bestandteil des Daseins werden zu lassen. Die Göttinnen aller Kulturen repräsentieren eine gemeinschaftliche, harmonische Dynamik, die es zu leben gilt - sowohl, um unsere eigene Entwicklung zu fördern, als auch, um einen Beitrag zur Heilung von Mutter Erde leisten zu können.

Während des kreativen Prozesses verbanden wir uns meditativ mit den Göttinnen, um die Energien zu spüren und authentisch wiederzugeben. Diese Auseinandersetzung bereicherte nicht nur unser Leben und unsere Freundschaft, sondern floss auch in jedes Detail des Kartensets ein.

Wir wünschen uns, dass auch du viel Freude an unserem Kartenset haben wirst. Tauche ein in die Welt der Göttinnen des Lichts, und erwecke deine innere Weisheit und Liebe zu neuer Strahlkraft.

Anwendung der Karten

Bevor du beginnst, mit den Karten zu arbeiten, wähle einen Ort, an dem du ungestört bist und einen Zeitpunkt, zu dem du dich ohne Eile in einen Zustand der Achtsamkeit und Offenheit versetzen kannst. Wenn du möchtest, lasse entspannende Musik laufen. Atme ein paarmal tief ein und aus, und komme ganz bei dir an. Die Legung beginnt mit der Wahl der richtigen Frage. Auf den nächsten Seiten findest du Beispielfragen sowie verschiedene Methoden, mit den Karten zu arbeiten.

Morgendliche Inspiration

»Welche Göttin unterstützt mich heute am besten?«

Diese Frage kann dir einen wertvollen Impuls geben, der gerade heute für dich hilfreich ist. Die Botschaft der Göttin beeinflusst deine innere Haltung und Ausrichtung und schenkt dir neue Perspektiven zu einem bestimmten Thema.

Mische die Karten gründlich, und breite sie mit der Rückseite nach oben fächerförmig vor dir aus.

Spüre, wohin dein Blick gezogen wird, und greife ohne lange zu überlegen nach einer Karte. Vielleicht möchtest du auch lieber deine Hand über die Karten wandern lassen und auf diese Weise wahrnehmen, wohin es dich zieht. Du kannst alternativ den Kartenstapel vor dich legen, von oben einen Teil wegnehmen und dann nach der untersten oder obersten Karte des jeweiligen Teilstapels greifen. Wähle die Methode, die dir am besten gefällt und mit der du dich am wohlsten fühlst.

Stelle dir vor, du hältst jetzt die Karte von Aphrodite, der griechischen Göttin der Liebe und Schönheit, in deinen Händen. Lasse deinen Blick über ihr Bild wandern, und spüre, wie ihre Energie sanft in dein Inneres fließt.
Lies dann die Botschaft der Göttin, laut oder leise, wie es für dich am besten ist: »Ich öffne mein Herz für die Liebe.« Gehe in Resonanz mit dem damit verbundenen Energiefeld, und frage dich:

- »Zu welchen Handlungen fühle ich mich inspiriert?«
- »Wie könnte diese innere Haltung meinen heutigen Tag bereichern?«

Erinnere dich während des Tages immer wieder an Aphrodites Botschaft, und bleibe mit ihr verbunden. Vielleicht schreibst du am Abend ein paar Worte über deine Erfahrungen in dein Tagebuch.

Stille Begegnung im Herzen

»Welchen Aspekt meiner Persönlichkeit sollte ich mehr leben, um Heilung zu erfahren?«

Das ist eine Frage, die dich in die Tiefe deines Herzens führt. Wenn du eine längere Sitzung machen möchtest, zünde eine Kerze oder ein Räucherstäbchen an, um eine Atmosphäre der Achtsamkeit zu erschaffen. Stimme dich auf die Frage ein, und ziehe eine Karte wie anfangs beschrieben. Vielleicht möchtest du die gezogene Karte auf einen kleinen Altar legen als Symbol für deine Verbindung mit der Göttin.

Nimm dir genügend Zeit für deine innere Begegnung mit der Göttin. Tauche in die Tiefe deines Herzraumes ein, und richte deine Aufmerksamkeit auf den Aspekt, der geheilt werden möchte. Lade nun die Gottheit auf der Karte ein, in deinen heiligen Raum einzutreten. Befreie dich von Erwartungen oder Vorstellungen, wie sich dir ihre Gegenwart offenbaren könnte. Vielleicht spürst du die Wärme ihrer Energie wie sanfte Sonnenstrahlen in deinem Herzen, oder du bekommst einen Einblick in ihre Welt durch Bilder, die vor deinem geistigen Auge aufsteigen. Vielleicht ist es Frieden, der sich in deiner Seele ausbreitet, oder eine unmittelbare Einsicht in dir bislang verborgene Zusammenhänge.

Die Göttin offenbart sich dir, wenn du dich selbst zurücknimmst und nicht versuchst, deine Erfahrung zu steuern. Öffne deine Hände zu einer empfangenden Geste, sei wie du bist, erlaube dir, alles zu fühlen, was auch immer es ist, und nimm dein Geschenk entgegen. Sei dir bewusst, dass die Antwort nicht in Worten kommen muss. Vielleicht ist es der Moment, in dem du die Zartheit und Lebendigkeit deines Innersten wieder spüren kannst.

Wenn du merkst, dass die Göttin ihre Energieübertragung vollendet hat, lege deine Handflächen aneinander, verneige dich, und bedanke dich bei ihr.

Wege der Weisheit

»Ich reagiere bei der Arbeit immer gestresst. Welche Göttin kann mir helfen, gelassener zu sein?«

Lege Papier und Stift bereit. Halte die Frage in deinem Herzen, und ziehe dann eine Karte. Nehmen wir an, dass es sich wieder um Aphrodite handelt, die dir helfen möchte. Lies ihre Botschaft, laut oder leise, wie es sich für dich am besten anfühlt, und finde heraus, was sie mit deiner Frage verbindet.

Nimm den Stift, und schreibe zum Beispiel das Wort »Liebe« in die Mitte des Papiers. Notiere nun rundherum Ideen und Assoziationen, die dir zu deinem aktuellen

Thema »Stress am Arbeitsplatz« einfallen. Verbinde die einzelnen Punkte mit Linien. Auch kleine Zeichnungen wie Blitze, Herzen oder Smileys können helfen, die damit verbundenen Gefühle auf einfache Weise auszudrücken. Denke daran, dass es bei einer Mindmap nicht nur wichtig ist, was, sondern auch, an welche Stelle du es aufschreibst. Über die Platzierung kannst du Nähe und Distanz ausdrücken.

Überlege zum Beispiel, welchen Menschen du in deinem Berufsalltag begegnest. Bei wem wird dir warm ums Herz? In wessen Nähe fühlst du dich unwohl? Welche berufliche Situation verhindert, dass du liebevoll mit dir selbst verbunden bleibst? Warum?

Schreibe Stichworte auf. Erlaube dir, spontan zu sein, lasse alles kommen, ohne es zurückzuhalten. Beobachte, wie fast von selbst ein Bild deiner Situation entsteht. Falte dann das Papier zusammen, und lege die Karte der Göttin obenauf. Finde die für dich passenden Worte und Gesten, um die Göttin um ihre liebevolle Unterstützung zu bitten. Lege beispielsweise deine Hände sanft auf dein Herz, und sprich in deinem Inneren die Worte: »Liebe Aphrodite, ich bitte um deine Hilfe, diese Situation zum Besten für alle Beteiligten zu transformieren.«

Lasse dann all deine Überlegungen und Gedanken in der Gewissheit los, dass du geführt wirst.

Finde eine für dich stimmige Lösung für die Aufbewahrung/Entsorgung deiner Mindmap. Du kannst sie beispielsweise verbrennen. Suche dir dafür einen sicheren Ort im Freien, und verwende einen feuerfesten Behälter. Zünde das Papier an, und beobachte achtsam die Flammen. Nutze diesen Moment, um mit dem Rauch des Feuers und in Verbindung mit der Göttin deine Intentionen und Wünsche in die Welt zu schicken. Achte darauf, dass das Feuer vollständig erloschen ist, bevor du den Ort verlässt.
Alternativ kannst du die Notizen in der Erde vergraben oder sie in einer Box aufbewahren, um nach einiger Zeit eine weitere Sitzung zu deinem Thema abzuhalten und dir neue Aspekte zeigen zu lassen. So erkennst du deine Fortschritte und entwickelst verschiedene Blickwinkel.

Beobachte über einen längeren Zeitraum, wie sich deine Situation verändert. Achte auf Synchronizitäten und auf das Verhalten deines Umfelds. Nimm auch deine innere Haltung wahr. Sei liebevoll und achtsam mit dir selbst.

Dein Mindset ausrichten

Affirmationen sind positive Sätze, die wir uns immer wieder vorsagen und die eine wohltuende Resonanz in uns auslösen können. Durch regelmäßiges Wiederholen stärken wir die Kraft und Zuversicht in uns und beruhigen unseren Geist, sodass die Affirmation sich in unserem Unterbewusstsein verankert und Teil unserer Weltwahrnehmung werden kann.

Jede Göttin in diesem Kartenset schenkt dir einen inspirierenden Satz, der dich auf deinem Weg begleitet. Aphrodites Affirmation für dich lautet: »Ich öffne mein Herz für die Liebe.«

Wenn du dir diese Worte immer wieder sagst, erinnerst du dich an deine Absicht, liebevolle Beziehungen einzugehen. Du nimmst die positive Energie der Göttin, die in den Worten mitschwingt, auf und trägst sie in deinen Alltag.

Die Affirmation der Göttin der Jagd, Artemis, lautet: »Ich gehe meinen eigenen Weg.« Spüre die Kraft, die in ihren Worten steckt. Indem du diesen Satz laut aussprichst, stärkst du deine Absicht und findest Wege, eine unliebsame Situation zu verändern.

Verwende die Affirmationen nur, wenn es für dich stimmig ist und wenn du beim Aussprechen spürst, dass die Worte zu dir und deiner Absicht passen. Wenn du Widerstand spürst, ist das ein Zeichen dafür, dass negative Glaubenssätze wirksam sind. In diesem Fall empfehlen wir, zuerst an der Auflösung dieser Blockaden zu arbeiten und danach erst mit der Affirmation. Mit diesem Thema beschäftigen sich unter anderem Louise Hay in ihrem Buch »Die lebensverändernde Kraft deiner Gedanken« sowie Martin E. P. Seligman in »Flourish – Wie Menschen aufblühen«.*

Von der Erkenntnis zur Handlung

Die Göttinnen in diesem Kartenset sind kraftvolle Hüterinnen von Stärke, Weisheit und Liebe. Sie können dir helfen, in schwierigen Zeiten optimistisch zu bleiben, und dich daran erinnern, dass du den Herausforderungen des Lebens gewachsen bist. Wenn du das Kartenset regelmäßig nutzt, wirst du eine tiefere Verbindung zu deiner Intuition aufbauen und dich auf dein inneres Wissen verlassen können.

---

* *Siehe Literaturempfehlungen auf S. 111.*

Die Karten

Abundantia

FÜLLE UND WOHLSTAND

»Ich bin dankbar für die Fülle in meinem Leben.«

Hintergrundwissen

In der römischen Glaubenswelt wird Abundantia als Göttin des Wohlstands verehrt, die ihre Gaben und ihren Reichtum großzügig mit anderen teilt. Sie verkörpert den Überfluss und erinnert uns daran, dass wir uns auf die Fülle des Lebens verlassen können, wenn wir uns dafür öffnen und uns mit ihr verbinden.

Botschaft der Karte

Wenn dir die römische Göttin Abundantia begegnet, ist das ein Hinweis darauf, dass Fülle und Reichtum zu dir kommen. Das Leben meint es gut mit dir, es möchte dich verwöhnen und dir Geschenke machen. Das Universum ist bereit, dir alles im Überfluss zu geben, was du brauchst. Empfange das, was für dich bestimmt ist. Lasse alle negativen Glaubenssätze und begrenzenden Überzeugungen los, und fokussiere dich auf das, was du wirklich willst. Visualisiere dein Ziel, und spüre bereits im Voraus, wie es sich anfühlt, es erreicht zu haben. Sei dankbar für alles, was du schon erhalten hast, und öffne dich für die Fülle, die im Leben immer vorhanden ist. Abundantia schüttet nun ihr Füllhorn über dich aus.

Umsetzung

- Lerne, die Geschenke des Universums anzunehmen.
- Öffne deine Hände für unerwarteten Geldsegen.
- Schätze die Fülle in schönen Augenblicken.
- Entwickle ein positives Gefühl für Geld.
- Sei bereit für ungeahnte Möglichkeiten.
- Mache dich schlau in finanziellen Fragen.

Aeracura

SELBSTFÜRSORGE

»Ich bringe Körper und Seele in Einklang.«

Hintergrundwissen

Aeracura ist eine keltische und germanische Göttin, die auch als Feenkönigin bekannt ist. Sie wurde als Beschützerin der Natur, der Fruchtbarkeit, der Wälder und der wilden Tiere verehrt. Vermutlich stammt ihr Name von dem keltischen Wort »aera«, was »Zyklus« oder »Jahreszeit« bedeutet. Sie lebte in den Wäldern und an Flüssen und konnte den Menschen, die ihr begegneten, Wünsche erfüllen.

Botschaft der Karte

Aeracura möchte dir sagen, dass dein Körper und deine Seele keine getrennten Einheiten sind, sondern vielmehr zwei Teile desselben Ganzen. Wenn beide in Harmonie sind, fühlst du dich kraftvoll und energiegeladen, voller Tatendrang und Zuversicht. Handle im Einklang mit deinem Körper, und pflege eine harmonische Beziehung zu ihm. Erkenne ihn als göttliches Gefäß deiner Seele.

Umsetzung

- Lerne, deinen Körper zu lieben, so, wie er ist.
- Ernähre dich gesund, und trinke genügend Wasser.
- Treibe regelmäßig Sport.
- Pflege deine Haut.
- Schlafe ausreichend, und vermeide Stress.
- Gehe regelmäßig zur medizinischen Vorsorge.
- Nimm dir Zeit für dich.

Aine

ZIELSETZUNG UND ERFOLG

»Ich konzentriere mich auf meine Ziele.«

Hintergrundwissen

Aine ist eine keltische Göttin, die als Herrin des Sommers und der Sonne verehrt wird. Ihr Name bedeutet »strahlendes Licht« oder »Glanz«, was ihre Verbindung zum Gestirn und zur Lichtkraft widerspiegelt. Sie symbolisiert die Sonnenwende, wenn die Sonne die höchste Position über dem Horizont erreicht. Dann ist die Zeit der Fülle angebrochen.

Botschaft der Karte

Die Karte der Göttin Aine ist das Zeichen dafür, dass du auf einem Weg des Wachstums und der Entfaltung bist. Du kannst mit Freude auf das bereits Erreichte blicken. Du kennst dein Ziel und richtest deine Aufmerksamkeit und Energie darauf aus. Aine unterstützt dich dabei, deine Lernschritte zu reflektieren. Nutze dies, um dein weiteres Vorgehen zu optimieren. Halte an deiner klaren Ausrichtung fest, und bewege dich mit Geduld und Beharrlichkeit vorwärts. Du bist bereit, dich voll und ganz auf den Prozess einzulassen und mit Kraft und einem klaren Fokus dein Ziel zu erreichen. Aine gibt dir die Stärke, das Begonnene Schritt für Schritt zur Vollendung zu bringen.

Umsetzung

- Setze dir Ziele, die konkret, messbar, planbar und erreichbar sind.
- Reflektiere deine Fortschritte. Notiere sowohl das, was funktioniert, als auch das, was nicht funktioniert hat. Passe deine Pläne entsprechend an.
- Bleibe flexibel und offen für neue Ideen und Perspektiven.
- Genieße deine Erfolge.

Aphrodite

LIEBE, SCHÖNHEIT, EROTIK

»Ich öffne mein Herz für die Liebe.«

Hintergrundwissen

Aphrodite ist die griechische Göttin der Liebe und zählt zu den zwölf Gottheiten des Olymps. Sie wird oft als atemberaubend schöne Frau dargestellt, die den Menschen und Göttern gleichermaßen hilft, ihre Liebesangelegenheiten zu meistern.

Botschaft der Karte

Liebevolle Beziehungen zu anderen Menschen sind von unschätzbarem Wert für dein Wohlbefinden und deine Lebensqualität. Wenn du dich unterstützt und geschätzt fühlst, kannst du Höhen und Tiefen erfolgreich bewältigen. Jetzt ist der richtige Zeitpunkt, auf dein Herz zu hören und Liebe sowohl zu geben als auch zu empfangen. Aphrodite hilft dir dabei, dich für die Menschen um dich herum zu öffnen. Sei großzügig mit deiner Zuneigung und Wertschätzung, doch vergiss nicht, dich selbst zu achten und dir gegenüber mitfühlend zu sein. Folge deinem Herzen, wenn Entscheidungen in Beziehungsfragen anstehen. Aphrodite bringt Liebe, Glück und Zufriedenheit in deine Beziehungen.

Umsetzung

- Kommuniziere achtsam, wertschätzend und liebevoll.
- Verbringe Zeit mit deinen Liebsten.
- Sei freundlich mithilfe kleiner Gesten: Schenke Blumen, mache Komplimente.
- Lerne, wie man positives Feedback formuliert.
- Bemühe dich, dir selbst und anderen zu verzeihen.

Artemis

ENTSCHLOSSENHEIT UND UNABHÄNGIGKEIT

»Ich gehe meinen eigenen Weg.«

Hintergrundwissen

Artemis ist eine griechische Mondgöttin und verkörpert den Archetypus der Jägerin. Sie streift frei und unabhängig durch die Wälder. Wenn sie ihren Bogen spannt, ist sie ruhig, konzentriert und zielsicher. Artemis ist eine der zwölf olympischen Hauptgottheiten und stolze Tochter des mächtigen Zeus.

Botschaft der Karte

Artemis appelliert an deinen Mut, Unabhängigkeit zu wagen und jenseits von ausgetretenen Wegen auf die Pirsch zu gehen. Im Wald bewegt sie sich mit höchster Präsenz und wachen Sinnen. So wird sie eins mit der Natur, und der Jagderfolg ist ihr gewiss. Tauche mit Artemis in die Energie der weit gespannten Aufmerksamkeit ein, erspüre feinste Veränderungen in deinem Umfeld, und reagiere entschlossen und konzentriert. Dein Weg wird sich dir offenbaren, indem du ihn gehst.

Umsetzung

- Umgib dich mit Menschen, die dich unterstützen und auf deinem Weg ermutigen.
- Vermeide Menschen, die dich herunterziehen oder versuchen, dich von deinen Zielen abzubringen.
- Sei offen für neue Erfahrungen und Herausforderungen, und erweitere deinen Horizont.
- Glaube an dich selbst und deine Fähigkeiten.
- Vertraue darauf, dass du die nötigen Ressourcen und das Wissen hast, um deinen eigenen Weg zu gehen.

Athene

WEISHEIT, KLARHEIT, INTELLEKTUALITÄT

»Ich löse komplexe Probleme mühelos und effektiv.«

Hintergrundwissen

Athene ist die griechische Göttin der Weisheit, des Intellektes und der geistigen Klarheit. Sie zählt zu den zwölf Gottheiten des Olymps und ist eine Tochter von Zeus. Sie verkörpert den analytischen, objektiven Verstand, der die Basis der wissenschaftlichen Arbeit darstellt. Ihr strategisches Geschick macht sie zu einer guten Politikerin.

Botschaft der Karte

Athene unterstützt dich bei Entscheidungen, bei denen objektives und strategisches Denken gefragt sind. Vertraue auf deine analytischen Fähigkeiten, um Herausforderungen zu meistern und Durchbrüche zu erzielen. Lasse dich nicht von Zweifeln oder Unsicherheit ablenken, sondern gehe mutig und entschlossen voran. Indem du strategisch handelst und deinen Verstand einsetzt, wirst du im beruflichen und finanziellen Bereich erfolgreich sein. Sei offen für neue Erfahrungen und Erkenntnisse, denn sie helfen dir, dich weiterzuentwickeln. Nutze die geistige Klarheit, die Athene verkörpert, dazu, deinen Geist zu sammeln und deinen Fokus auszurichten. So wirst du deine Energie effektiver einsetzen und zu herausragenden Leistungen fähig sein.

Umsetzung

- Stelle alle Fakten zusammen, und verschaffe dir einen Überblick.
- Analysiere die Pro- und Kontrapunkte deiner Situation.
- Arbeite wissenschaftlich und genau.
- Trenne Gefühle und Verstand voneinander.

Bastet

LEBENSLUST, LEIDENSCHAFT, SEXUALITÄT

»Ich lebe meine Leidenschaft und erfülle meine Träume.«

Hintergrundwissen

Die ägyptische Katzengöttin Bastet ist eine selbstbewusste und energiegeladene Frau, die voller Leidenschaft, Lebenslust und sexuellen Verlangens ist. Im alten Ägypten wurde sie als Göttin der Fruchtbarkeit verehrt und oft als Katze oder als Frau mit einem Katzen- oder Löwenkopf abgebildet. Sie steht für Freude, die sich in Tanz, Musik und in ausgelassenen Festen widerspiegelt.

Sie ist selbstbewusst in ihrer Sexualität und genießt es, ihre Wünsche und Leidenschaften zu erforschen. Bastet beherrscht die Kunst der Verführung und liebt das Spiel mit dem Feuer. Dabei ist sie immer auf der Suche nach neuen Erfahrungen und Abenteuern und scheut sich nicht, dafür aus ihrer Komfortzone hinauszutreten.

Botschaft der Karte

Fühle die kraftvolle Energie von Bastet in dir, und lebe mit Freude und Leidenschaft. Akzeptiere deine Sinnlichkeit und Sexualität als natürliche und gesunde Aspekte deiner Persönlichkeit, und finde heraus, wie du deine Wünsche und Bedürfnisse besser verstehen und ausdrücken kannst. Bastet hilft dir dabei, Sinn mit Sinnlichkeit zu verbinden.

Umsetzung

- Entwickle ein gutes Gefühl für deinen Körper, jenseits von allen Idealvorstellungen.
- Liebe deine Weiblichkeit.
- Tanze wild, und lache viel.
- Genieße deine Sinnlichkeit in all ihren Formen.
- Pflege Beziehungen, die dir guttun, und meide die, die es nicht tun.

Brigid

LEBENSKRAFT UND FREUDE

»Ich strahle mein Licht in die Welt hinaus.«

Hintergrundwissen

Brigid ist die keltische Göttin des Frühlings und des Feuers. Ihr Name bedeutet »die Helle«, »die Strahlende«. Sie ist verbunden mit Imbolc, einem alten keltischen Fest, das am 1. oder 2. Februar gefeiert wird und den Beginn des Frühlings markiert.

Botschaft der Karte

Jetzt haben die Dunkelheit und die Kälte ein Ende, das Feuer der Lebenskraft spendet Licht und Wärme. Wenn Brigid in dein Leben tritt, spürst du diese Energie, die nach außen drängt und sich licht- und segensvoll manifestieren möchte. Spüre ihr nach. Wo in deinem Leben möchte sich etwas Neues entfalten?

Umsetzung

Nimm dir Zettel und Stift, und suche dir einen ruhigen Ort, an dem du eine Zeit lang ungestört sein kannst. Setze oder lege dich hin. Konzentriere dich auf deinen Atem, und lasse deine Gedanken ziehen. Wenn du spürst, dass du ruhiger geworden bist, schreibe auf, was dir spontan zu folgenden Fragen einfällt:

- »Was sind meine Stärken und Talente?«
- »Was begeistert mich?«
- »Wonach sehne ich mich?«

Vielleicht zeigt sich etwas, was du realisieren möchtest. Überlege, was der erste Schritt in diese Richtung wäre und wer dich dabei unterstützen könnte.

Cailleach

RÜCKZUG UND SELBSTERKENNTNIS

»Ich reflektiere mich selbst und lerne daraus.«

Hintergrundwissen

Cailleach ist die Göttin der dunklen Wintermonate und eine bedeutende Figur der britischen Mythologie. Alte Überlieferungen berichten, man könne sie im Winter auf einem Wolf am Himmel reiten sehen. Dann müsse man sehr still sein, ansonsten würde sie mit ihrem Zauberstab Schneestürme heraufbeschwören. Aufgrund ihres hohen Alters repräsentiert sie Vorgänge, die Jahrmillionen dauern. So wird ihr die Gestaltung der Berge,

Höhlen, Seen und Flüsse zugeschrieben, ebenso die Kontrolle über die Naturgewalten.

Botschaft der Karte

Im Winter zieht sich die Energie von außen nach innen zurück und kommt zur Ruhe. Es ist traditionell die Zeit der Stille, des Rückzugs. In diesen Raum der Freiheit begibst du dich jetzt. Fernab von Verpflichtungen und Vergnügungen, hast du die Möglichkeit, dich mit existenziellen Fragen auseinanderzusetzen und deine inneren Welten zu erkunden. Beobachte dich selbst, und reflektiere dich. Lasse die Ablenkungen und die Hektik des Alltags hinter dir, und fokussiere dich auf das Wesentliche. So erhältst du ein tiefes Verständnis für deine Werte, Überzeugungen und Ziele. Nutze diese Gelegenheit, dich auf das zu konzentrieren, was zählt, und dein Leben bewusster zu gestalten.

Umsetzung

- Besuche ein Retreat.
- Praktiziere Yoga, Tai Chi oder Qigong.
- Verbringe Zeit in der Natur.
- Meditiere. Beginne mit ein paar Minuten am Tag.
- Halte deine Eindrücke und Gedanken in einem Tagebuch fest.
- Mache eine Pause, und komme in deine Mitte.

Concordia

HARMONIE UND BALANCE

»Ich bin in Balance.«

Hintergrundwissen

Concordia ist die römische Göttin der Eintracht und Harmonie. Sie ruht in sich selbst in vollkommener Balance und ist dadurch in der Lage, Interessenkonflikte zu befrieden und die Einheit in Gesellschaft und Familie wiederherzustellen. Im alten Rom wurden ihr nach der Überwindung politischer Konflikte Heiligtümer geweiht.

Botschaft der Karte

Durch die Überwindung innerer Widersprüche und die Integration scheinbar gegensätzlicher Kräfte und Ziele gewinnst du inneres Gleichgewicht und tiefe Harmonie. Die Karte kann darauf hinweisen, dass du vor einer schwierigen Entscheidung stehst. Vielleicht fühlst du dich unentschlossen, bist in einem inneren oder äußeren Konflikt und hin- und hergerissen zwischen zwei Optionen. Du hast das Gefühl, zwischen deinem Kopf und deinem Herzen oder zwischen zwei konkurrierenden Wünschen oder Zielen wählen zu müssen. Die Karte kann auch ein Zeichen dafür sein, dass du eine Entscheidung vermeidest. Concordia unterstützt dein Bedürfnis nach Frieden und Ausgeglichenheit. Sie hilft dir, Entscheidungen zu treffen und so sinnvolle Veränderungen in deinem Leben zu bewirken.

Umsetzung

- Stelle dich deinen inneren Konflikten. Versuche, sie zu benennen und zu analysieren. Überlege, welche Ziele in dieser Situation miteinander konkurrieren.
- Bemühe dich, sowohl dein Herz als auch deinen Verstand bei einer Entscheidung zu berücksichtigen.

Conventina

SELBSTLIEBE

»Ich ehre meine innere Quelle der Liebe und Kraft.«

Hintergrundwissen

Die keltische Sonnen- und Flussgöttin Conventina ist die Hüterin der heilenden Quellen. Sie spendet Heilung und Inspiration und besitzt die Kraft der Weissagung.

Botschaft der Karte

Eine innere Quelle, aus der wir jederzeit schöpfen können, ist die Selbstliebe. Conventina steht dir bei, wenn sie bei dir versiegt ist. Das kann passieren, wenn du in der Vergangenheit zu sehr für die anderen da warst und zu wenig für dich selbst. Conventina hilft dir dabei, dich mit den Augen der Liebe zu betrachten. Selbstliebe bedeutet, sich selbst zu akzeptieren und zu lieben, ohne darauf zu warten, ein Ideal zu erreichen. Du behandelst dich selbst mit Freundlichkeit und Mitgefühl, dann wird deine Seele aufblühen. Tue das mit der gleichen Liebe und Fürsorge, die du einer guten Freundin entgegenbringen würdest.

Umsetzung

- Entwickle ein Gefühl für deine Bedürfnisse.
- Übe dich in Selbstakzeptanz.
- Beobachte, ob du in Gedanken negativ über dich selbst sprichst. Höre damit auf, wenn es so ist.
- Erkenne deine Stärken, und schließe Frieden mit deinen Schwächen.
- Tue dir etwas Gutes.

Danu

EMOTIONALITÄT

»Ich fühle und akzeptiere meine Emotionen.«

Hintergrundwissen

Danu ist eine mächtige Wassergöttin, die in vielen Kulturen und Mythologien verehrt wird. Sie steht mit der Macht der Emotionen, der Intuition und des Unterbewusstseins in Verbindung. Danu repräsentiert die Aspekte des Selbst, die ständig im Wandel und schwer zu kontrollieren sind. Sie erinnert uns daran, dass Emotionen und Gefühle mächtige Kräfte sind, die unsere Gedanken, Verhaltensweisen und Entscheidungen beeinflussen.

Botschaft der Karte

Die Anwesenheit von Danu kann darauf hinweisen, dass du Zugang zu deiner Intuition und deinem Unterbewusstsein bekommst. Du trittst in Kontakt mit archaischen Kräften, und ein starkes Gefühl von innerer Verbundenheit wird sich entfalten. Andererseits kann die Karte auch für eine Situation stehen, in der du von deinen Gefühlen überwältigt wirst und darum kämpfst, die Kontrolle zu behalten. Danu weist dich darauf hin, dass du die innere Kraft besitzt, deine Gefühle zu spüren und sie auf eine Weise auszudrücken, die dir und anderen dient.

Umsetzung

- Nimm alle deine Emotionen an.
- Bringe deine Gefühle auf natürliche und gesunde Weise zum Ausdruck.
- Lerne, mit deinen Emotionen umzugehen, und arbeite mit ihnen.
- Male ein Bild deiner Gefühle. Wähle dafür Farben aus, die deinem aktuellem emotionalen Zustand entsprechen.

Demeter

ERNTE UND FRUCHTBARKEIT

»Ich genieße die Früchte meiner Arbeit.«

Hintergrundwissen

Demeter ist die Herrin des Herbstes und der Ernte. Sie wird zu den zwölf olympischen Gottheiten gezählt. Das gesamte Jahr hegt und pflegt die griechische Fruchtbarkeitsgöttin ihr Land, die Äcker und die Felder. Sie tut dies im Wissen um die Zyklen der Natur und im Vertrauen, dass alles zur richtigen Zeit reift. Demeter kennt die vielen kleinen Schritte, die notwendig sind, um ein Ziel zu erreichen.

Botschaft der Karte

In den Scheunen lagert die reiche Ernte, die Vorratskeller sind gefüllt. In die Freude über die geleistete Arbeit mischt sich jedoch eine leichte Wehmut. Etwas geht zu Ende, das Neue ist noch nicht in Sicht. Demeter verweist dich auch auf die Kunst des Loslassens, wenn du deine Projekte zum Abschluss bringst. Von ihr lernst du, dass du mit kleinen, täglichen Routinen zu großen Erfolgen gelangen kannst und dass es vor allem die gewöhnlichen Dinge sind, die du mit Liebe und Achtsamkeit angehen solltest.

Umsetzung

- Feiere deine Errungenschaften.
- Freue dich, wenn andere deine Leistungen anerkennen, und spiele sie nicht herunter.
- Erlaube dir, Zufriedenheit zu empfinden, und sei stolz auf dich.
- Denke über neue Pläne nach.
- Belohne deine harte Arbeit mit einem schönen Ausflug oder einem leckeren Essen.

Diana

SPIRITUELLE FÜHRUNG

»Ich öffne mich für spirituelle Führung und Erfahrungen.«

Hintergrundwissen

In der antiken römischen Mythologie wurde die Göttin Diana mit der Jagd, der Natur und dem Mond in Verbindung gebracht. Der Mond steht zum einen für Veränderung, die sich in Zyklen vollzieht, aber auch für Geheimnisse, Intuition und das Unterbewusstsein. Deshalb wird Diana mit Hoffnung, Inspiration und Erneuerung assoziiert. Sie symbolisiert eine Zeit des Optimismus und der Heilung.

Botschaft der Karte

Diana kündigt an, dass du in naher Zukunft spirituelle Erfahrungen machen und Einsichten erlangen wirst. Vielleicht begegnest du einem/einer spirituellen Meister/Meisterin, oder du vertiefst deine Verbindung mit deinen Begleitern aus der Geistigen Welt. Wenn du in tiefer Innenschau mit der Harmonie des Kosmos in Berührung kommst, hat das eine heilende Wirkung auf alle Aspekte deines Seins. In diesem Sinne ist Diana ein Symbol der Hoffnung, der Erneuerung und des spirituellen Wachstums.

Umsetzung

- Vertraue deiner inneren Weisheit.
- Öffne dich für die Weisheit und Führung einer Meisterin/eines Meisters.
- Lasse dich von spiritueller Literatur inspirieren.
- Finde feingeistige Weggefährten, die dich unterstützen.
- Sei dir selbst treu.

Eirene

FRIEDEN

»Ich bin in Frieden mit mir und meiner Umgebung.

Hintergrundwissen

Die griechische Göttin Eirene ist die Personifikation des Friedens und der Eintracht. Ihr Name ist das griechische Wort für »Frieden«. Sie ist eine Vermittlerin, die dabei hilft, Konflikte zwischen Menschen oder Nationen zu lösen und Harmonie wiederherzustellen. Eirene ist als eine sanfte Göttin bekannt. Sie pflegt eine liebevolle Haltung und ermutigt Menschen, mit Empathie und Mitgefühl aufeinander zuzugehen.

Botschaft der Karte

Die Karte verweist darauf, dass du gerechte Entscheidungen treffen musst, um deine Konflikte beizulegen. Höre aufmerksam zu, und versuche, die Perspektive anderer zu verstehen und zu respektieren. Kommuniziere deine Sichtweisen und Bedürfnisse klar und deutlich. Eirene unterstützt dich dabei, die Vor- und Nachteile von Entscheidungen abzuwägen und eine für alle Beteiligten faire Lösung zu finden.

Umsetzung

Befasse dich mit der gewaltfreien Kommunikation (GFK), die von Marshall B. Rosenberg entwickelt wurde*. So kommunizierst du in Konfliktsituationen:
Im ersten Schritt beschreibst du objektiv und ohne Wertung, was du in der Situation beobachtet hast. Anschließend erklärst du deine Gefühle, die durch die Situation entstanden sind. Danach schilderst du, welche Bedürfnisse hinter deinen Gefühlen stehen. Zum Schluss formulierst du eine Bitte, deren Erfüllung zur Befriedigung deines Bedürfnisses beitragen würde.

* *Siehe Literaturempfehlung auf S. 111.*

Fortuna

GLÜCK UND SCHICKSAL

»Ich bin zur richtigen Zeit am richtigen Ort.«

Hintergrundwissen

Die von den Römern verehrte Göttin Fortuna ist die Erstgeborene von Jupiter. Sie wird mit Füllhorn in den Händen dargestellt. Manchmal hält sie auch ein Ruder, mit dem sie den Lauf des Schicksals lenkt.

Botschaft der Karte

Fortuna hilft dir, dein Schicksalsrad in eine positive Richtung zu wenden. Sie bringt Wohlstand, Glück und Kraft und verbreitet die Botschaft, dass nach schlechten Zeiten auch wieder gute kommen. Die römische Fortuna unterstützt dich nicht nur in schicksalhaften Lebenssituationen, auf physischen wie geistigen Reisen, sondern ebenfalls bei großen Fragen und Entscheidungen. Sie lässt dich darüber nachdenken, was der Sinn deines Lebens ist, und hilft dir dabei, herauszufinden, was du erreichen möchtest.

Umsetzung

- Glaube daran, dass dein Leben unter einem guten Stern steht.
- Würdige die Schönheit deines Lebens.
- Entwickle eine positive Denkweise.
- Entdecke das Gute in schwierigen Situationen.
- Spüre den Überfluss und die Fülle um dich herum, und sei dankbar dafür.
- Achte auf Synchronizitäten und Zufälle.
- Lerne aus den schweren Phasen deines Lebens.

Freya

AUFBRUCH

»Ich liebe die Freiheit.«

Hintergrundwissen

Die nordische Göttin Freya besitzt ein Falkengewand, mit dem sie durch die Lüfte gleiten kann. Auch auf dem Boden hat Freya ein besonderes Fahrzeug: einen von Wildkatzen gezogenen Wagen. Sie steht für den Wunsch nach Freiheit und den Drang, sich auf den Weg in eine neue, eigene Welt zu machen. Freya wird deshalb oft mit Unabhängigkeit, Entschlossenheit und dem Willen zum Erfolg in Verbindung gebracht.

Botschaft der Karte

Freya unterstützt dich, dir ein klares Ziel zu setzen und die Maßnahmen zu ergreifen, mit denen du es erreichen wirst. Sie hilft dir, deine Zweifel hinter dir zu lassen und darauf zu vertrauen, dass du in der Lage bist, dein Dasein so zu gestalten, wie du es dir wünschst. Das Leben hält unendlich viele Möglichkeiten für dich bereit. Traue dich, deine Flügel auszubreiten und in die Freiheit zu fliegen.

Umsetzung

- Fühle die Freiheit der Entscheidungen, die du triffst.
- Sei mutig und unabhängig.
- Springe vom Sprungbrett deines Mutes in ein freies Leben.
- Sage Ja zu neuen Möglichkeiten.
- Gehe unbekannte Wege.
- Traue dich, auch einmal Nein zu sagen.
- Löse dich von Konventionen.

Grüne Tara

AKZEPTANZ

»Ich nehme alle Aspekte meines Lebens an.«

Hintergrundwissen

Die grüne Tara kommt aus dem tibetischen Buddhismus. Sie verkörpert das aktive Mitgefühl aller Buddhas und ist eine der 21 Manifestationen der großen Tara. Sie ist besonders beliebt, da sie vor den acht Arten der Angst schützt. Die grüne Tara gilt als Quelle der Weisheit und der spirituellen Stärke und wird um Hilfe bei der Überwindung von Hindernissen und Herausforderungen angerufen.

Botschaft der Karte

Die grüne Tara lehrt das Prinzip der vollständigen Akzeptanz. Du nimmst deine Erfahrungen und Emotionen an, ohne Widerstand zu leisten. Du lässt zu, was ist, vermeidest und verdrängst nichts. Wenn du dich vollständig akzeptierst, gibst du dir selbst die Erlaubnis, deine wahren Bedürfnisse, Wünsche und Emotionen zu fühlen und auszudrücken, ohne dich dafür zu verurteilen oder zu schämen. Das erfordert die Fähigkeit, dir selbst und anderen mit Freundlichkeit, Mitgefühl und Geduld zu begegnen. Vollständige Akzeptanz ist ein Prozess, der Zeit und Übung braucht. Du wirst erkennen, dass Gedanken und Gefühle vorübergehende Phänomene sind, und begegnest ihnen mit zunehmender Gelassenheit.

Umsetzung

- Beschäftige dich mit dem »RAIN«-Verfahren*, das von Tara Brach entwickelt wurde.
- Betrachte alle schwierigen Menschen als Lehrer, die dich Selbsterkenntnis lehren.

---

* *Siehe Literaturempfehlung auf S. 110.*

Hathor

GANZHEIT, SCHATTEN, LICHT

»Ich stehe zu allen Aspekten meiner Persönlichkeit.«

Hintergrundwissen

Hathor ist eine altägyptische Göttin, die mit vielen Aspekten des Lebens verbunden ist. Sie ist vor allem als Göttin der Liebe, der Musik, der Schönheit, der Fruchtbarkeit und der Freude bekannt. Neben ihren positiven Aspekten hat Hathor auch eine dunkle Seite, die sie als Göttin des Todes und der Unterwelt zeigt. In dieser Rolle wird sie als eine unerbittliche Herrin des Jenseits und der Toten betrachtet, die die Seelen der Verstorbenen auf ihrer Reise ins Jenseits begleitet. Sie verkörpert sowohl die Licht- als auch die Schattenseiten des Lebens und verweist somit auf die Dualität von Gut und Böse, Hell und Dunkel, Schönheit und Hässlichkeit, Freude und Leid.

Botschaft der Karte

Hathor kann dir helfen, ungeliebte Aspekte deiner Persönlichkeit zu akzeptieren, denn auch diese sind ein Teil von dir. Sei bereit, deine Schattenseiten mit Liebe und Mitgefühl zu betrachten. Gib ihnen Raum, ohne dass sie dich kontrollieren. Lerne mit Hathors Unterstützung, Verantwortung für deine Gedanken, Gefühle und Handlungen zu übernehmen und auf diese Weise wahrhaftig und authentisch zu leben.

Umsetzung

- Übe dich in Selbstreflexion, und frage dich, was du an dir magst und was nicht. Frage deine Freundinnen und Freunde, ob sie es auch so sehen wie du.
- Versuche, den Vorteil in deiner Schattenseite zu sehen. Erstelle eine Liste mit deinen vermeintlichen Fehlern, und finde jeweils den positiven Aspekt in ihnen (zum Beispiel negativ - chaotisch; positiv - kreativ).

Hel

TRANSFORMATION

»Ich bin bereit für Veränderung und Wachstum.«

Hintergrundwissen

In der nordischen Mythologie ist Hel die Göttin der Unterwelt, die Tochter von Loki und der Riesin Angrboda. Sie wird oft als halb lebendig, halb tot beschrieben. Die Herrin der Toten steht für die unvermeidliche Endlichkeit des Lebens und die Notwendigkeit, sich mit dem Tod auseinanderzusetzen. Hel gilt als unerbittlich und gnadenlos, aber auch als gerecht.

Botschaft der Karte

Hel weist auf das Ende einer Phase oder eines Kapitels in deinem Leben hin. Ziehst du diese Karte, kann das bedeuten, dass eine Transformation oder ein Übergang bevorsteht, bei dem du alte Gewohnheiten oder Überzeugungen aufgeben musst, um spirituelles Wachstum zu erlangen. Denke an die Raupe, deren bisheriges Leben ein Ende finden muss, damit sie zum Schmetterling werden kann. In diesem Stadium findet eine radikale Umgestaltung statt, bei der die alten Strukturen abgebaut und neue gebildet werden. Schließlich schlüpft der Schmetterling aus dem Kokon und entfaltet seine Flügel, um in ein neues Leben zu fliegen.

Umsetzung

- Halte nicht an Altem fest, sondern sei offen für Neues.
- Sage Ja zur Veränderung.
- Sieh die positiven Seiten des Wandels.
- Stelle dir vor, wie ein Samenkorn sich vollständig verändert, um zu einem Baum heranzuwachsen.

Hera

ZUVERLÄSSIGKEIT, STABILITÄT, ORDNUNG

»Ich sorge für stabile Verhältnisse.«

Hintergrundwissen

Hera ist eine Göttin der griechischen Mythologie und die Gattin des Göttervaters Zeus. Als Königin der Götter und Beschützerin der Ehe, der Geburt und der Familie war sie eine wichtige Figur im griechischen Pantheon. Sie ist bekannt für ihre Schönheit, ihre Intelligenz und ihre absolute Hingabe an ihren Mann und ihre Familie.

Botschaft der Karte

Hera unterstützt dich dabei, deine finanziellen und materiellen Angelegenheiten erfolgreich zu managen und sie zu genießen. Mit Geduld und Fürsorglichkeit erschaffst du eine sichere und wohltuende Umgebung für dich und deine Familie. Ein geregeltes Leben bietet gute Rahmenbedingungen für dein inneres Wachstum. Es eröffnet dir einen Raum der Freiheit, in dem du dir feste Zeiten zum Beispiel zum Meditieren, Lesen und zur Selbstreflexion einrichten kannst.

Umsetzung

- Plane feste Zeiten für deine Meditationspraxis ein.
- Ordne deine Finanzen.
- Entwickle regelmäßige Routinen, halte deine Ordnung aufrecht, statt sie immer wieder neu zu erschaffen.
- Sorge gut für deine Familie.
- Kümmere dich um Haus und Hof.

Ishtar

FÜHRUNG UND MACHT

»Ich übernehme die Führung.«

Hintergrundwissen

Ishtar ist eine babylonische Kriegsgöttin. Sie war eine der wichtigsten Göttinnen des antiken Mesopotamiens und wurde in verschiedenen Kulturen des Nahen Ostens verehrt. Ishtar gilt als Beschützerin der Krieger und des Staates und wird als eigenwillig und unabhängig beschrieben. Sie wird oft als selbstbewusste und mächtige Frau dargestellt, die die Kontrolle über ihr eigenes Schicksal hat, Macht ausübt und diese genießt.

Insgesamt repräsentiert Ishtar ein facettenreiches Bild der Weiblichkeit, das sowohl die Schönheit als auch die Stärke und den Mut einer Frau umfasst.

Botschaft der Karte

Die Karte zeigt dir, dass du bereit bist, eine Führungsrolle anzunehmen. Sei dir bewusst, dass du durch deine Handlungen und Entscheidungen einen großen Einfluss auf dein Umfeld hast. Deine Machtposition sollte von dem Wunsch getragen sein, anderen zu dienen, und nicht von Herrschaftsstreben. Pflege einen respektvollen Umgang mit anderen. Strebe danach, andere zu inspirieren und sie zu ermutigen, ihr volles Potenzial auszuschöpfen. Sei bereit, auch schwierige Entscheidungen zu treffen und Verantwortung für dein Handeln zu übernehmen.

Umsetzung

- Nimm deine Führungsrolle vollkommen an.
- Vertritt selbstbewusst deinen Standpunkt.
- Verfolge entschlossen deine Ziele.
- Sei eine Inspiration für andere.
- Wahre deine Grenzen.

Ixchel

(ENERGETISCHE) REINIGUNG

»Ich befreie mich von allen negativen Energien.«

Hintergrundwissen

Ixchel ist eine Maya-Göttin, die mit vielen Aspekten in Verbindung gebracht wird, darunter Fruchtbarkeit, Heilung, Mondmagie und Handwerk. Sie wird oft als alte weise Frau mit einem Krug voll heiligem Wasser dargestellt. Sie wurde als Heilerin und starke Frau verehrt, die in der Lage war, den Menschen durch schwierige Zeiten zu helfen und ihnen Führung und Rat zu geben. Ihr heiliges Wasser ist medizinisch wirksam.

Botschaft der Karte

Ixchel kann dir helfen, dich von allem zu befreien, was deine Energie und dein Wachstum hemmt. Du hast das Recht, dich von Dingen zu lösen, die dich nicht länger unterstützen oder dich belasten. Du bist stark genug, dich von ungesunden Gewohnheiten zu lösen und neue, nährende Rituale zu etablieren. Deine Lebensenergie ist kostbar und wertvoll. Trinke das heilige Wasser von Ixchel, und lasse los, was deine Lebensenergie beeinträchtigt oder verschmutzt.

Umsetzung

- Befreie dich von toxischen Beziehungen.
- Befreie dich von Süchten.
- Befreie dich von Manipulation.
- Befreie dich von falschen Begierden.
- Befreie dich von negativen Glaubenssätzen.

Kali

ZEIT UND ACHTSAMKEIT

»Ich nutze meine Zeit sinnvoll.«

Hintergrundwissen

Kali ist eine wichtige Gottheit im Hinduismus, die als Herrin der Zeit, des Wandels und der Transformation verehrt wird. Sie wird oft als grimmige Kriegerin dargestellt, die die Waffen schwingt und auf dem Körper eines besiegten Dämonen steht. Dieses Bild soll ihre Rolle als Zerstörerin des Bösen, der Unwissenheit und der Angst symbolisieren.

Botschaft der Karte

Unser moderner Lebensstil führt oft zu einem Gefühl der Zeitnot. Wir sind ständig beschäftigt, stehen selbst in der Freizeit unter Termindruck. Die Göttin der Zeit rät dir, einen Gang herunterzuschalten. Sei dir bewusst, dass deine Tage deine kostbarste Ressource sind. Nimm dir jetzt Zeit für die Dinge, die dir wichtig sind, und genieße jeden Moment. Werde dir darüber bewusst, wie du dein Leben verbringen möchtest und welche Dinge und Aktivitäten wirklich wichtig und sinnvoll sind.

Umsetzung

- Erkenne die Zeitfresser in deinem Leben, und gib ihnen weniger Raum.
- Überlege dir, ob du eher zu den Lerchen oder den Eulen gehörst. Respektiere deinen biologischen Tagesrhythmus.

Kuan Yin

GÜTE UND EMPATHIE

»Ich setze mein Mitgefühl in konkrete Taten um.«

Hintergrundwissen

Kuan Yin ist eine zentrale Figur im Mahayana-Buddhismus und wird auch als »Bodhisattva des Mitgefühls« bezeichnet. Sie ist bekannt für ihre Güte, ihre Empathie und ihre Weisheit. In der chinesischen Tradition wird sie auch als Göttin der Barmherzigkeit verehrt. Ein Bodhisattva wird als jemand angesehen, der auf dem Pfad zur Erleuchtung fortschreitet, während er sich gleichzeitig dafür einsetzt, anderen Wesen zu helfen, das gleiche

Ziel zu erreichen. Die Idee des Bodhisattva ist eine wichtige Lehre im Mahayana-Buddhismus, die besagt, dass alle Wesen das Potenzial haben, Erleuchtung zu erlangen.

Botschaft der Karte

Kuan Yin unterstützt dich dabei, dein Herz für das Leiden anderer zu öffnen. Du siehst die Herausforderungen, mit denen sie kämpfen, und erkennst, dass alle denselben Wunsch nach Glück und Frieden haben. Sei bereit, deine Hilfe anzubieten, wo immer es möglich ist. Dein Mitgefühl hat die Kraft, die Welt zu verändern.

Umsetzung

Praktiziere die tibetische Meditation der liebenden Güte, auch »Metta-Meditation« genannt:
Sende zuerst dir selbst Wohlwollen und gute Wünsche. Dann erweitere deinen Fokus auf geliebte Menschen, auf Bekannte, auf Fremde und schließlich sogar auf Feinde. Konzentriere dich darauf, ein Gefühl von Verbundenheit und Mitgefühl mit allen Wesen zu entwickeln und dich selbst und anderen Wohlwollen zu schenken. Durch diese Praxis öffnet sich dein Herz, und dein Geist beruhigt sich, während gleichzeitig deine Empathie und dein Mitgefühl gestärkt werden.

Lakshmi

GLÜCK UND KARRIERE

»Ich erschaffe mir ein starkes Netzwerk.«

Hintergrundwissen

Lakshmi ist eine Göttin des hinduistischen Pantheons, die Reichtum, Schönheit und Glück verkörpert. Sie ist die Gefährtin von Vishnu, dem Hüter der kosmischen Ordnung. Beim großen indischen Lichterfest Diwali zünden die Menschen Kerzen an, um den Segen der Glücksgöttin für das kommende Jahr zu erbitten.

Botschaft der Karte

Wenn dir die wohltätige Hindugöttin Lakshmi begegnet, möchte sie dir Glück, Erfolg und Wohlstand in allen Bereichen deines Lebens, einschließlich Karriere, Beziehungen und persönlichem Wachstum, bringen. Zudem offenbart sie dir das Geheimnis des Erfolgs: gelungene Kommunikation, starke Beziehungen und gute Zusammenarbeit. Gelungene Kommunikation basiert darauf, klare Botschaften zu senden und aufmerksam zuzuhören. Sei vorurteilsfrei, und begegne deinem Gegenüber mit Empathie. So baust du gegenseitiges Vertrauen auf und kannst tragfähige Verbindungen erschaffen. Eine erfolgreiche Karriere ist nicht nur das Ergebnis von Arbeit und Talent, sondern auch belastbarer Beziehungen und von Netzwerken. Du bekommst Zugang zu wichtigen Informationen und Ressourcen, kannst von deinen Mentoren lernen und dich mit Gleichgesinnten verbinden.

Umsetzung

- Sei offen für Zusammenarbeit.
- Höre aktiv zu.
- Kommuniziere deine Absichten klar und deutlich.
- Erkenne deine eigenen und die Talente der anderen.
- Stelle Win-win-Situationen her.

Maat

SELBSTDISZIPLIN UND SELBSTFÜHRUNG

»Ich übernehme Verantwortung für mein Leben.«

Hintergrundwissen

Die altägyptische Göttin Maat ist ein Symbol für Gerechtigkeit, Autorität, Staatsführung und Stabilität. Ihr Name bedeutet »lenken«, »richten«. Die Göttin steht für die moralische Weltordnung und wiegt die Herzen der Verstorbenen. Aber auch für die kosmische Ordnung ist sie verantwortlich. Dank ihr geht die Sonne auf und ist Leben möglich.

Botschaft der Karte

So, wie Maat die Verantwortung für ihren Staat und das Land übernimmt, regelst auch du deine Angelegenheiten eigenverantwortlich und selbstbestimmt. Dabei ist eine klare Zielsetzung ein wichtiger Bestandteil deines Selbstmanagements. Überlege dir gut, für welche Absichten du deine Energie und Zeit einsetzen möchtest. Sei dabei realistisch und systematisch. Maat wird dich unterstützen, dich immer wieder selbst zu motivieren – besonders bei Projekten, die einen langen Atem brauche –, bis du sie erfolgreich abschließen kannst.

Umsetzung

- Schaffe eine organisierte Umgebung, in der du gut arbeiten und konzentriert bleiben kannst.
- Erkenne, welche Aufgaben am wichtigsten sind, und arbeite zuerst an ihnen.
- Nutze Techniken wie Mindmapping oder Zeitmanagement-Tools wie die Pomodoro-Technik*.
- Strukturiere deinen Tages- oder Arbeitsablauf.
- Lerne, zu delegieren, und konzentriere dich auf das Wesentliche.

* *Die Pomodoro-Technik ist ein System, das Arbeit mittels Kurzzeitwecker in 25-Minuten-Abschnitte und Pausenzeiten unterteilt.*

Mawu

KREATIVITÄT

»Ich bin schöpferisch.«

Hintergrundwissen

Mawu ist eine afrikanische Mondgöttin, die in der Dahomey-Mythologie mit der Sonne und dem Mond in Verbindung gebracht wird. Sie beherrscht die Nacht und die Sterne und beschützt die Menschen vor den Gefahren der Dunkelheit. Gleichzeitig wird Mawu auch mit der Sonne assoziiert, da sie das Leben auf der Erde unterstützt und das Wachstum von Pflanzen und Tieren fördert. Im Kult wird die Göttin oft als Schöpferin und Mutter aller Dinge betrachtet.

Botschaft der Karte

Lasse dich von Mawu inspirieren, schöpferisch tätig zu werden. Du kannst auf vielfältige Weise deiner einzigartigen Lebenserfahrung Ausdruck verleihen. Singe dein Lied, schreibe dein Gedicht, tanze deinen Tanz. Nicht nur du selbst wirst davon bereichert, auch deine Mitmenschen dürfen deine Tiefe, deine Begeisterung und dein In-der-Welt-Sein erleben. Schöpfe aus dem Vollen.

Umsetzung

- Probiere so viel wie möglich aus.
- Frage dich, was dich mit Freude erfüllt, und handle danach.
- Musiziere mit Freunden.
- Bringe Farbe in dein Leben.
- Koche, gärtnere, oder mache Handarbeiten.
- Erfinde Spiele für deine Kinder.

Nemetona

GEBORGENHEIT UND SICHERHEIT

»Ich erschaffe mir einen heiligen Raum.«

Hintergrundwissen

Die Göttin Nemetona ist mit der alten keltischen Kultur verbunden. Sie wurde als Hüterin der heiligen Haine verehrt und hat die Macht, diejenigen zu schützen und zu segnen, die bei ihr Zuflucht suchen. Sie steht für das Heilige und die Schaffung von Räumen und Plätzen, die für spirituelle oder religiöse Zwecke reserviert sind.

Botschaft der Karte

Nemetona hilft dir, deinen inneren Ort des Friedens wiederzufinden, wenn du dich in einem unsicheren oder emotional instabilen Zustand befindest. Sie ist an deiner Seite, wenn du in die Schattenbereiche deiner Psyche hinabsteigst und dich mit deinen Ängsten auseinandersetzt. Sei dir bewusst, dass es einen sicheren, heiligen Raum für diese Reise braucht. Zögere nicht, dir im Außen einen Zufluchtsort zu suchen, wenn du bereit bist, dich deinen dunklen Seiten zu stellen.

Umsetzung

- Nimm dir Zeit für dich.
- Richte einen kleinen Wohlfühl-Altar in deiner Wohnung ein.
- Triff dich mit Freundinnen und Freunden, die dir in schwierigen Situationen Zuspruch schenken.
- Suche dir professionelle Unterstützung, wenn du deine Last nicht mehr allein tragen kannst.
- Begib dich in der Natur an besondere Kraftplätze.
- Besuche eine Kirche oder ein Kloster.

Oona

ABENTEUER UND SPONTANEITÄT

»Ich lasse mich auf das Abenteuer des Lebens ein.«

Hintergrundwissen

Oona ist eine Figur aus der keltischen Mythologie und wird oft als Königin der Feen oder als Göttin der Natur und Schönheit betrachtet. Sie ist mit dem Element Wasser und dem See Lough Gur in der Grafschaft Limerick in Irland verbunden.

Botschaft der Karte

Die Feenkönigin möchte dich ermutigen, neue Möglichkeiten zu ergreifen und dich für das Unbekannte zu öffnen. Sie steht für Unvorhersehbarkeit und die Idee, dass das Leben ein Abenteuer ist. Oona ermutigt dich dazu, dich auf Veränderungen einzulassen und angesichts unerwarteter Ereignisse flexibel zu sein. Sie hilft dir, deine Sorgen loszulassen und eine spontanere und unbekümmertere Haltung einzunehmen. Erlaube dir, offen Neuem gegenüber zu sein. Vertraue deinen Instinkten, wenn du die Abenteuer des Lebens meisterst.

Umsetzung

- Lasse die Kontrolle los, und verlasse deine Komfortzone.
- Mache jeden Tag etwas Neues.
- Schätze die Überraschungen des Lebens.
- Sei spontan, und gehe Risiken ein.
- Fahre an einen neuen Urlaubsort.
- Lerne neue Menschen kennen.

Oshun

URVERTRAUEN

»Ich vertraue dem Fluss des Lebens und gebe Kontrolle ab.«

Hintergrundwissen

Oshun ist eine wichtige Göttin in der Yoruba-Religion und wird als Göttin der Liebe, Schönheit und Fruchtbarkeit, des Wassers und der Süßwasserquellen betrachtet. Sie steht mit dem Fluss Osun in Nigeria in Verbindung, an dem sie angeblich auch lebt.

Botschaft der Karte

Inmitten des ständigen Wandels und der vielen unvorhersehbaren Ereignisse, die geschehen, erfordert es manchmal Mut, loszulassen und dem Fluss des Lebens zu vertrauen. Indem du dich ihm hingibst, erkennst du, dass alles, was passiert, auf seine Weise zu deinem Wohle geschieht. Das Leben führt dich genau dorthin, wo du sein musst, um zu lernen und zu wachsen. Vertraue dich ihm an, und du wirst mit solcher Freude, Freiheit und Fülle belohnt, wie du sie dir nie hättest vorstellen können. Lasse dich vom Fluss des Lebens tragen, während du dich auf eine neue Reise voller Wunder und Möglichkeiten begibst.

Umsetzung

- Reflektiere vergangene Herausforderungen und, wie du sie überwunden hast. Betone die positiven Ergebnisse und das Wachstum, das du durch sie erfahren hast.
- Fokussiere dich auf das Hier und Jetzt. Nimm dir bewusst Zeit für Momente des Genusses und der Achtsamkeit.

Ostara

NEUBEGINN UND SELBSTENTFALTUNG

»Ich entfalte mein volles Potenzial und wachse.«

Hintergrundwissen

Ostara ist die germanische Frühlingsgöttin und verkörpert die Neubelebung der Natur nach einer langen Winterperiode. Sie ist die Herrscherin des strahlenden Morgenlichts. Man vermutet, dass sich das christliche Osterfest aus einem Kult für Ostara entwickelte. Ihr zu Ehren werden bei Sonnenaufgang Feuerzeremonien abgehalten.

Botschaft der Karte

Frost und Schnee weichen langsam der wärmenden Strahlkraft der Sonne. Neues Leben zeigt sich in den aufbrechenden Knospen. Im frischen Grün kündigt sich die vitalisierende Energie der Blüten an. Ostara erinnert dich daran, dass auch große Dinge klein beginnen. Sie schenkt dir den Elan und die Freude, jetzt mit neuen Projekten zu starten. Wenn du etwas Neues beginnst, visualisiere ein klares Ziel und stärke deine Selbstdisziplin. Nichts kommt über Nacht zur Reife. Eine Idee formt sich, darf wachsen und trägt schließlich Früchte.

Umsetzung

Diese Visualisierungsmeditation kann dich dabei unterstützen, die Kraft des natürlichen Wachstums zu spüren: Stelle dir vor, wie eine kleine Pflanze zu einem stattlichen Baum heranwächst. Der Baum streckt sich immer weiter in die Höhe und reckt seine Zweige der Sonne entgegen. Verbinde dich mit der Energie des Baumes, und konzentriere dich darauf, wie auch du wächst und dich weiterentwickelst. Atme dabei tief ein und aus. Lasse dir nach der Visualisierung noch einen Moment Zeit, die Erfahrung zu reflektieren, und nimm die Stärke und Kraft des Baums mit in deinen Alltag.

Oyá

LOSLASSEN

»Ich lasse alle negativen Emotionen los.«

Hintergrundwissen

Oyá ist eine wichtige Göttin in vielen afrikanischen Religionen. Sie wird als Herrin des Sturms, des Windes und der Veränderung betrachtet und als Schutzpatronin der Frauen und der Toten verehrt. In der afrikanischen Mythologie wird sie manchmal als Ehefrau von Shango dargestellt, dem Gott des Donners und der Blitze.

Botschaft der Karte

Der Wind kann als Atem der Natur betrachtet werden, als eine Kraft, die Leben bringt. Indem du dich auf deinen Atem konzentrierst und ihn bewusst steuerst, kannst du dich mit dieser Lebenskraft verbinden und deine Vitalität stärken. Ähnlich, wie der Wind heruntergefallene Blätter wegweht, kann auch dein Atem helfen, dich energetisch zu reinigen und zu stärken. Du musst nur bereit sein, dich auf diese Kraft einzulassen. Eine bewusste Atmung trägt dazu bei, dass du dich entspannst, deine Herzfrequenz und dein Blutdruck gesenkt, deine Verdauung gefördert und dein Immunsystem gestärkt werden. Dadurch reduzierst du Ärger, Angst und Stress. Lasse dich von Oyá inspirieren, die Kraft deines Atems zu nutzen.

Umsetzung

- Experimentiere mit Atemyoga, zum Beispiel mit einer verlängerten Ausatmung: Atme langsam und tief ein, und atme dann noch langsamer und tiefer wieder aus. Konzentriere dich auf das Ausatmen, und lasse alle Anspannung los. Wiederhole dies mehrere Male.
- Lausche dem Wind, und lasse neue Gedanken zu.
- Betrachte ein Windrad, und erkenne die Kraft der Natur.

Parvati

WAHRHAFTIGKEIT

»Ich lebe in Wahrheit und Klarheit.«

Hintergrundwissen

Parvati ist eine der wichtigsten Göttinnen im Hinduismus und wird als Shivas Gefährtin dargestellt. In ihrem Schoß ruht das Universum, mit sanfter Hand hält sie es zusammen. In ihrer göttlichen Weisheit erkennt sie die verborgenen Geheimnisse des Lebens. Ihre Liebe ist wie ein unerschöpflicher Fluss, der alles umgibt und nährt. Sie ist eine mächtige Kraft, die das Gleichgewicht zwischen Himmel und Erde, Licht und Schatten wahrt.

Botschaft der Karte

Es gibt Momente im Leben, in denen wir uns fragen, was wahr ist und wer wir wirklich sind. Doch die Wahrheit ist oft nicht leicht zu erkennen, manchmal sogar schmerzhaft. Aber nur durch sie können wir unsere tiefsten Wünsche und Bedürfnisse verstehen und ein erfülltes Leben führen. Du bist bereit, deine Augen und dein Herz zu öffnen und in einer Welt der Ehrlichkeit und des Friedens zu leben. Parvati ist an deiner Seite.

Umsetzung

- Sei ehrlich mit dir selbst, und frage dich, wie du dich wirklich fühlst.
- Prüfe, ob dein Handeln mit deinen Überzeugungen und Werten übereinstimmt.
- Meditiere täglich. Beruhige deinen Geist, und schaffe Klarheit.
- Sei offen für Feedback. Betrachte es als Gelegenheit, zu lernen und zu wachsen.
- Vermeide Lügen oder das Verbergen von Informationen.

Pele

WUT UND MUT

»Ich nutze die Kraft meiner Emotionen.«

Hintergrundwissen

Pele ist die hawaiianische Göttin des Feuers, der Vulkane, der Blitze und der Naturgewalten. Sie wird oft als feurige, leidenschaftliche und ungestüme Herrscherin dargestellt, die in den Tiefen der Erde lebt und die Macht hat, Lava und Asche auszuspucken, wenn sie zornig ist. In ihrer Feurigkeit liegt auch Schönheit, sie formt die Landschaft und erneuert das Leben.

Botschaft der Karte

Zorn ist eine mächtige Kraft, die tief in dir verborgen liegt und erst durch Herausforderungen und Konflikte zum Vorschein kommt. Wenn du lernst, deine Wut bewusst zu lenken und zu nutzen, kann sie dir den Mut geben, für deine Überzeugungen und deine Wahrheit einzustehen. Mut bedeutet nicht, unüberlegt oder impulsiv zu handeln, sondern vielmehr, den Zorn bewusst und reflektiert einzusetzen. Indem du deine Wut annimmst und sie nicht verdrängst oder unterdrückst, kannst du sie in positive Energie umwandeln und für Veränderungen und Lösungen einsetzen. Pele erinnert dich daran, dass Mut und Wut Hand in Hand gehen und dass du dich nicht scheuen sollst, dich für das einzusetzen, was dir wichtig ist.

Umsetzung

- Wenn du Wut in dir spürst, atme einmal tief durch. Nimm dir Zeit, sie zu verstehen und angemessen zu verarbeiten. Handle besonnen, und wäge die Konsequenzen ab.
- Nutze die positive Energie des Zorns. Sei motiviert, und konzentriere dich auf deine Ziele, ohne dabei die Kontrolle zu verlieren und dir oder anderen Schaden zuzufügen.

Persephone

UNTERBEWUSSTSEIN UND INTUITION

»Ich vertraue meiner inneren Stimme.«

Hintergrundwissen

Die griechische Göttin der Unterwelt Persephone wird oft mit dem Unterbewusstsein in Verbindung gebracht. Sie symbolisiert die Geheimnisse des Lebens und das verborgene Wissen.

Botschaft der Karte

Diese Karte deutet darauf hin, dass du deiner inneren Stimme mehr Aufmerksamkeit schenken solltest, denn sie spricht auf eine ganz besondere Weise zu dir: leise und kraftvoll zugleich. Sie äußert sich nicht in klaren Worten, sondern in feinen Ahnungen, die dich auf das aufmerksam machen, was wichtig ist. Oft zeigt sich deine Intuition in einem unbestimmten Gefühl, wohin du gehen oder wovor du dich hüten solltest. Sie ist keine Erfindung deines Verstands, sondern eine instinktive Wahrnehmung deines Körpers und eng mit deinen Gefühlen und Empfindungen verbunden. Sie kann dir auf eine Weise helfen, wie es dein Verstand allein nicht vermag, denn sie spricht die Sprache deines Körpers und weiß genau, was dir guttut und was nicht. Um diese innere Stimme besser zu verstehen, musst du lernen, auf sie zu achten und ihr zu vertrauen. Höre auf dein Bauchgefühl, denn nur so kannst du deine intuitive Kraft und Weisheit voll nutzen und dich auf deinem Lebensweg mutig und klar bewegen.

Umsetzung

- Schreibe deine Beobachtungen, Gedanken und Gefühle in dein Tagebuch.
- Meditiere regelmäßig. Finde in deine Mitte.
- Lerne die Technik des »Focusing« nach Eugene T. Gendlin*.
- Besuche Workshops zur persönlichen Weiterentwicklung.

---

* *Siehe Literaturempfehlung auf S. 110.*

Rhiannon

MAGIE UND ZAUBER

»Ich bin mir meiner Magie bewusst.«

Hintergrundwissen

Rhiannon ist die keltische Göttin der Anderswelt und bekannt für ihre magischen Fähigkeiten. In der alten Überlieferung bedeutet ihr Name »die große Königin«. Sie ist die Hauptfigur einer mittelalterlichen walisischen Erzählung.

Botschaft der Karte

Wenn Rhiannon in dein Leben tritt, ermutigt sie dich, deine Fähigkeiten und Ressourcen zu nutzen, um dir deine Wünsche zu erfüllen. Indem du deine Gedanken und Emotionen auf das Gute ausrichtest, kann die Kraft deines Geistes deine Träume Realität werden lassen. Das Leben antwortet auf deine Dankbarkeit für das bereits Vorhandene mit weiterer Fülle. Also konzentriere dich auf das Positive, und denke daran, dass das Leben voll unzähliger Möglichkeiten ist. Alles, was du dir vorstellen kannst, ist möglich, wenn du bereit bist, an dich und deine Fähigkeiten zu glauben. Lasse Rhiannon dich inspirieren, deine innere Welt zu erkunden und deine magischen Kräfte zu entfesseln. Öffne dein Herz für das Wunderbare, und genieße die Schönheit um dich herum. Alles, was du brauchst, um ein glückliches und sinnerfülltes Leben zu führen, ist bereits in dir vorhanden.

Umsetzung

- Gestalte ein Ideenbuch.
- Visualisiere deine Zukunft mit einem Visionboard.
- Stelle dich neuen Herausforderungen mit Leichtigkeit.
- Sieh dein Scheitern als Möglichkeit, aus Fehlern zu lernen und an ihnen zu wachsen.
- Stärke deinen Selbstwert durch motivierende Affirmationen und positive Selbstgespräche.

Rote Tara

VITALITÄT

»Ich bin lebendig und energiegeladen.«

Hintergrundwissen

Die rote Tara ist eine Manifestation der buddhistischen Göttin Tara, wobei die Farbe Rot ihre leidenschaftliche und kraftvolle Natur betont. Die rote Tara wird als Gottheit des Schutzes und der Befreiung betrachtet. Sie wird angerufen, um Schwierigkeiten und Hindernisse zu überwinden, die im spirituellen oder weltlichen Leben auftreten. Die Göttin wird auch mit Heilung, Vitalität und Wohlbefinden in Verbindung gebracht.

Botschaft der Karte

Die rote Tara kann dir dabei helfen, deine Energie und Vitalität zu steigern und dein Durchsetzungsvermögen zu stärken. Wenn du dich in einer Situation befindest, in der du dir unsicher bist oder dich schwach fühlst, kann es helfen, rote Kleidung zu tragen oder dich auf rote Elemente in deiner Umgebung zu konzentrieren. Das stärkt deine Energie und dein Selbstbewusstsein.

Umsetzung

Die Vitalenergie ist mit dem Wurzelchakra und der Farbe Rot verbunden. Du kannst sie durch eine Visualisierungsübung stärken:
Richte deine Aufmerksamkeit auf dein Wurzelchakra, das sich am unteren Ende deiner Wirbelsäule befindet. Stelle dir vor, wie dieses Chakra in deinem Körper rot leuchtet und sich mit jedem Atemzug weiter öffnet. Spüre, wie sich deine Energie mit der Kraft und Stärke der Erde verbindet und du dich sicher und geschützt fühlst. Wiederhole dabei die Affirmation der roten Tara, die auf der Karte steht.

Sarasvati

INSPIRATION

»Ich bin inspiriert von der Kunst und den Wissenschaften.«

Hintergrundwissen

Sarasvati ist eine wichtige hinduistische Göttin, die für die Wissenschaft, die schönen Künste, insbesondere die Literatur, und das Lernen steht. Sie wird als Schutzpatronin der Weisheit und Gelehrsamkeit, aber auch der Bibliotheken und Universitäten betrachtet.

Botschaft der Karte

Du liebst es, zu lernen und mit neuen Ideen zu experimentieren. Du weißt, dass jeder Tag eine Gelegenheit bietet, dein Wissen zu erweitern und deine Fähigkeiten zu verbessern. Das Lesen inspirierender Bücher, das Erkunden frischer Themen und das Ausprobieren bisher unbekannter Techniken bereiten dir große Freude. Deine Leidenschaft für das Lernen lässt dich wachsen und dich in andere Richtungen entfalten. Du bist bereit, dich auf neue Erfahrungen einzulassen und dich von deiner Neugierde leiten zu lassen. Sei offen für unbekannte Möglichkeiten, und erlaube dir, Fehler zu machen, während du deine Fähigkeiten perfektionierst. Lernen ist ein endloser Prozess, der dich immer weiter voranbringt und dich dazu inspiriert, dein volles Potenzial zu entfalten.

Umsetzung

- Experimentiere mit neuen Herangehensweisen.
- Nutze Bibliotheken als Orte der Inspiration.
- Öffne deinen Geist für lebenslanges Lernen.
- Erforsche dir bislang fremde Wissensfelder.
- Bilde Synergien aus unterschiedlichen Wissensgebieten.
- Erlaube deiner Kreativität, sich zu befreien und dich mit der Schönheit des Universums und dem Wunder des Lebens zu verbinden.

Sedna

NATURVERBUNDENHEIT

»Ich bin eins mit der Natur und allen Wesen.«

Hintergrundwissen

Sedna ist eine wichtige Göttin der Inuit-Mythologie. Sie ist die Hüterin des Ozeans mit all seinen Geschöpfen und wird oft mit Meerestieren wie Walen, Robben und Fischen in Verbindung gebracht. Indem sie deren Bewegungen kontrolliert, stellt sie sicher, dass die Jäger und Fischer ihre Gemeinschaft mit dem Fang ernähren können. Als Schutzpatronin der Seeleute bewahrt sie diese vor den Gefahren des Meeres.

Botschaft der Karte

Sedna ruft dich auf, dich mit der Natur zu verbinden und dir ihrer Schönheit und Kraft bewusst zu werden. Sie lehrt dich, dass du ein Teil des großen Ganzen bist und dass deine Existenz wie auch dein Wohlstand von der Erde und ihren Ressourcen abhängen. Du trägst Verantwortung dafür, die Natur zu schützen und zu bewahren, denn nur so kann sie dir auch in Zukunft ein Leben in Fülle und Freude schenken. Höre auf den Ruf von Sedna, und setze dich für den Schutz der Umwelt ein. Sei dir bewusst, dass dein Handeln - auch wenn es unwichtig erscheinen mag - große Auswirkungen haben kann. Öffne dein Herz für die Pracht der Natur, und lasse ihre Weisheit und Kraft dein Leben bereichern.

Umsetzung

- Setze dich aktiv für den Umweltschutz ein.
- Lege ein Blumenbeet für Bienen an, auch wenn es nur der Balkonkasten ist.
- Halte Wasser, Luft und Natur rein.
- Gehe schonend mit den Ressourcen der Erde um.
- Sei dir deines Konsums bewusst.
- Praktiziere Jahreszeitrituale, und verstehe dadurch die Kreisläufe der Natur.

Sekhmet

STÄRKE UND AUTORITÄT

»Ich bin stark wie eine Löwin.«

Hintergrundwissen

In der altägyptischen Mythologie wird berichtet, dass Sekhmet aus dem Atem des Sonnengottes Re geboren wurde. Sie gilt als eine der mächtigsten ägyptischen Gottheiten und wird mit Stärke und Autorität assoziiert. Die wilde Löwenfrau kann Kriege bringen, aber auch als Beschützerin und Heilerin der Menschen auftreten. Sie wird als Göttin der Transformation angesehen, die die Fähigkeit hat, das Leben und die Welt zu verändern.

Botschaft der Karte

Sekhmet fordert dich auf, deiner Kraft und Stärke zu vertrauen. Erlaube deinem inneren Löwen, zu brüllen, lasse ihn seine Stimme erheben und seine Macht zeigen. Wie die Raubkatze, die ihre Grenzen klar und deutlich setzt, solltest auch du deine eigenen Grenzen kennen, denn nur so kannst du sie schützen und für dich selbst einstehen. Dadurch wirst du auch von anderen respektiert werden. Sei mutig und stark wie ein Löwe, der seinen eigenen Weg geht und das verteidigt, was ihm wichtig ist. Denke immer daran, dass du ein wertvolles und einzigartiges Individuum bist, das es verdient hat, respektiert und geschätzt zu werden. Nimm deinen Platz ein.

Umsetzung

- Übe, Grenzen zu setzen. Suche dir zum Beispiel einen Übungspartner, stelle dich auf einen Teppich, und sobald dein Gegenüber auf den Teppich tritt, sage klar und deutlich »STOPP«.
- Verstecke nicht, wer du bist, sondern stehe zu dir und deinen Überzeugungen.
- Schütze deine Bedürfnisse und Interessen.

Sige

STILLE UND MEDITATION

»Ich finde Frieden in der Stille.«

Hintergrundwissen

Sige ist keine traditionelle Gottheit aus der Mythologie, sondern eine moderne Schöpfung. Sie ist die Ursprungsgöttin des Schweigens, der Geheimnisse und der tiefen Weisheit. Ihre Bedeutung und Interpretation variieren je nach individueller spiritueller Praxis oder Gemeinschaft.

Botschaft der Karte

Diese Karte ist eine Einladung an dich, in die Tiefe zu gehen. Wenn du dich in Stille übst, wirst du dir bewusst, wie viel Lärm deine Gedanken machen. Bleibe ganz im gegenwärtigen Augenblick, und lasse deine Gedanken vorbeiziehen. In der Innenschau wirst du bemerken, welche Denkmuster immer wieder auftauchen, und du kannst dich davon lösen. Das Schweigen ermöglicht dir auch, in Kontakt mit höheren Dimensionen deines Seins zu treten. Innere und äußere Stille sind ein Weg, eine tiefere Verbindung zu dir selbst, zu anderen und der Natur zu entwickeln.

Umsetzung

- Praktiziere Digital Detoxing, und frage dich, wie es ist, wenn du Smartphone, TV und Radio ausschaltest und mit dir selbst in Ruhe verweilst.
- Kreiere Oasen der Stille, gehe zum Beispiel in der Mittagspause allein eine Runde spazieren.
- Verbringe einen kompletten Tag, ohne zu sprechen.

Sulis

INDIVIDUALITÄT UND SELBSTWERT

»Ich bin einzigartig und wertvoll.«

Hintergrundwissen

Die Göttin Sulis ist mit den alten keltischen und römischen Kulturen verbunden. Sie wurde als heilende und verjüngende Gottheit verehrt und galt als Schutzherrin der heißen Quellen und Thermalbäder. Ihre Verbindung mit dem Wasser verdeutlicht die Aspekte Emotion, Intuition und das Unterbewusstsein.

Botschaft der Karte

Das Unterbewusstsein speichert nicht nur Informationen, es verarbeitet sie auch auf eine Art und Weise, die unser bewusstes Denken nicht erreichen kann. Es steuert unser Verhalten oft automatisch, basierend auf unseren Erfahrungen, Gewohnheiten und Glaubenssätzen. Sulis möchte dich ermutigen, unbewussten negativen Glaubenssätzen auf die Schliche zu kommen, um dich davon zu befreien. Denkst du häufiger »Ich kann das nicht«, »Ich bin nicht gut genug« oder »Ich werde nie erfolgreich sein«? Mache dir bewusst, dass solche Gedanken nicht wahr sind, sondern frühe Prägungen widerspiegeln. Entmachte deinen inneren Kritiker, indem du ihm keinen Glauben mehr schenkst.

Umsetzung

- Erkenne, welche negativen Gedanken und Überzeugungen in dir existieren und wie sie dich beeinflussen.
- Lies Literatur zu diesem Thema, oder nimm an entsprechenden Workshops teil.
- Überprüfe deine Überzeugungen, und frage dich, ob sie wahr und dir dienlich sind. Wenn sie dir nicht helfen, suche nach Alternativen, die dich zu deinem Ziel führen.

Weiße Tara

ERLEUCHTUNG

»Ich bin eine reine Seele.«

Hintergrundwissen

Die weiße Tara ist eine wichtige Gottheit im tibetischen Buddhismus. Sie wird als Manifestation der Weisheit und des Mitgefühls angesehen und ist bekannt für ihre heilenden Kräfte. Die Göttin wird oft als junge Frau mit einem weißen Gewand und einer Lotosblume in der Hand dargestellt, die für Reinheit und spirituelle Erleuchtung steht. Als Schutzgöttin bietet sie spirituell Suchenden Sicherheit und Unterstützung.

Botschaft der Karte

Im Buddhismus symbolisiert der Lotos Erleuchtung, da er aus schlammigem Wasser aufsteigt und dennoch eine unberührte und wunderschöne Blüte hervorbringt. Dieses Bild beschreibt den Weg der Erleuchtung. Gerade die Schwierigkeiten und Herausforderungen des Lebens bieten den Nährboden, der notwendig ist, damit du wachsen und dich entfalten kannst. Die weiße Tara lehrt dich, Hindernisse und schmerzvolle Erfahrungen zu überwinden. Selbst wenn deine Wurzeln in der Dunkelheit liegen, bist du in der Lage, dich in Richtung des Lichts zu strecken und eine erhabene Schönheit hervorzubringen.

Umsetzung

Praktiziere die Chakra-Meditation: Setze dich in eine bequeme Position, schließe die Augen, und atme tief ein und aus. Komme zur Ruhe. Beginne deine Meditation mit dem Wurzelchakra, und arbeite dich Schritt für Schritt bis zum Scheitelchakra vor. Konzentriere dich auf jedes der sieben Chakras einzeln. Visualisiere die Farbe des jeweiligen feinstofflichen Energiezentrums, und verstärke so dessen Energie: Wurzelchakra (Muladhara): Rot, Sakralchakra (Svadhisthana): Orange, Solarplexuschakra (Manipura): Gelb, Herzchakra (Anahata): Grün, Kehlchakra (Vishuddha): Hellblau, Stirnchakra (Ajna): Indigo, Kronenchakra (Sahasrara): Violett oder Weiß.

Yemayá

ZUSAMMENHALT UND GEMEINSCHAFT

»Ich bin umgeben von Liebe und Unterstützung.«

Hintergrundwissen

Yemayá gilt in Westafrika als Mutter des Meeres. Ihr Name ist abgeleitet von »Yèyé Omo Ejá«, was »Mutter der Fische« bedeutet. Die Königin des Meeres ist eine zentrale Gottheit in der Yoruba-Religion und in Nigeria auch als Flussgöttin bekannt.

Botschaft der Karte

Du bist wie eine Welle im Meer des Lebens, und um dich herum breiten sich unzählige andere Wellen aus. Jede hat ihre eigene Schönheit und Einzigartigkeit, aber alle sind Teil des gleichen Ozeans. Fühle dich eingebettet in den Zusammenhalt der Wogen, die dich umgeben, und spüre die Liebe und Unterstützung, die von ihnen ausgeht. Gemeinsam bewegt ihr euch im Rhythmus des Ozeans, des großen Ganzen. Vertraue auf die Kraft, die aus der Verbundenheit mit anderen erwächst, und sei dir gewiss, dass du niemals allein bist. So, wie eine Welle Teil des Meeres ist und immer in es zurückkehrt, gehörst auch du zu etwas Größerem. Wenn du diese Wahrheit erkennst, wirst du in der Lage sein, das Gefühl der Trennung zu überwinden und dich mit allem zu verbinden. Vertraue darauf, dass du in jedem Moment von Liebe und Unterstützung umgeben und immer Teil des Ozeans des Lebens bist.

Umsetzung

- Unternimm Dinge, die dir Freude bereiten und bei denen du mit anderen Menschen in Kontakt kommst.
- Engagiere dich ehrenamtlich für die Gemeinschaft, der du dich zugehörig fühlst.

Danksagung

Wir möchten unseren Familien und Freundinnen und Freunden herzlich dafür danken, dass sie uns in unserem Vorhaben bekräftigt haben, dieses Kartenset zu entwickeln. Durch ihre Unterstützung wurde unsere Idee Wirklichkeit.

Ein besonderer Dank geht auch an unsere spirituellen Lehrerinnen und Lehrer, die uns auf unserem Weg in vielfältiger Weise inspiriert, herausgefordert und gefördert haben.

Ein großes Dankeschön gebührt Heidi und Markus Schirner dafür, dass sie uns die Möglichkeit gegeben haben, unser Herzensprojekt in ihrem Verlag zu veröffentlichen.

Ein spezieller Dank geht an Ina Keller für ihr sorgfältiges Lektorat und ihre wertvollen Ideen sowie an das gesamte Verlagsteam für die freundliche und professionelle Unterstützung.

Über die Autorinnen

Luzia von Sturm ist Grafikdesignerin und Medientechnikerin und arbeitet in der Videoproduktion im Kontext zeitgenössischer Kunst in Karlsruhe. Vor mehr als 20 Jahren begegnete sie ihrem spirituellen Lehrer und durchlief einen Prozess der inneren Transformation. Die ausgebildete Cranio-Sacral-Therapeutin setzt in ihrer künstlerischen Arbeit auf neueste Technologien in Verbindung mit Intuition und Sensibilität. | *www.luziavonsturm.de*

Klara Morgenstern ist Künstlerin, ausgebildete Schamanin und Geistheilerin. In ihrer farbenfrohen Malerei und ihren fantasievollen Tonarbeiten setzt sie sich mit der weiblichen Kraft und der Verbindung zu Mutter Erde auseinander. Als systemische Coachin unterstützt sie v. a. Frauen auf deren Heilungsweg. In ihren Kreativkursen in Karlsruhe ermutigt sie Menschen, die eigene Spontaneität, Lebensfreude und Kraft zu entdecken und zu leben.

Literatur-empfehlung

Bücher

Bolen, Jean S.: Göttinnen in jeder Frau – Psychologie einer neuen Weiblichkeit. Ullstein 2004

Brach, Tara: Dein furchtloses Herz – Mit der RAIN-Methode schwierige Emotionen heilen. O. W. Barth 2020

Covey, Stephen R./Merrill, A. Roger/Merrill, Rebecca R./ Altmann, Alexandra: Der Weg zum Wesentlichen – Der Klassiker des Zeitmanagements. Campus 2014

Chödrön, Pema: Den Sprung wagen – Wie wir uns von destruktiven Gewohnheiten und Ängsten befreien. Goldmann 2013

Foucher, Joanne: Unsere heimischen Göttinnen neu entdecken. Neue Erde 2021

Gangaji: Der Diamant in deiner Tasche – Licht und Liebe in sich entdecken. Goldmann 2009

Gendlin, Eugene T.: Focusing- Selbsthilfe bei der Lösung persönlicher Probleme. Rowohlt 2004

Grün, Anselm/Robben, Ramona: Grenzen setzen, Grenzen achten – Wege zu einem glücklichen Miteinander. Herder 2021

Göttner-Abendroth, Heide: Die Göttin und ihr Heros – Die matriarchalen Religionen in Mythos, Märchen und Dichtung. Kohlhammer 2011

Hanh, Thich Nhat: achtsam sprechen - achtsam zuhören: Die Kunst der bewussten Kommunikation. Knaur MensSana 2019

Hanh, Thich Nhat: Das Wunder der Achtsamkeit - Einführung in die Meditation. Theseus 2022

Hay, Louise: Affirmationen - Die lebensverändernde Kraft deiner Gedanken. Heyne 2023

Jäger, Willigis: Die Welle ist das Meer - Mystische Spiritualität. Herder 2000

Kabat-Zinn, Jon: Im Alltag Ruhe finden - Meditationen für ein gelassenes Leben. O. W. Barth

Rosenberg, Marshall B.: Gewaltfreie Kommunikation - Eine Sprache des Lebens. Junfermann 2016

Seligman, Martin E. P.: Flourish - Wie Menschen aufblühen. Kösel 2012

Tolle, Eckhart: Jetzt! Die Kraft der Gegenwart. Kamphausen 2010

Trökes, Anna: Das große Buch vom Yoga. Gräfe und Unzer 2019

Woolger, Jennifer B./Woolger, Roger J.: Göttinnen - Urbilder für eine Psychologie der Frau. Bastei Lübbe 1994

Hörbücher

Adyashanti: Guided Meditations - Evoking the Divine Ground of Your Being. Sounds True 2015

Krudup, Karin/Lehrhaupt, Linda M./Meibert, Petra: Stress bewältigen mit Achtsamkeit - MBSR- und Achtsamkeitsübungen für jeden Tag. Kösel 2015